Bwaai ni katangitang

Te korokaraki iroun Rhianne Conway ao
Ryan Conway

Library For All Ltd.

E boutokaaki karaoan te boki aio i aan ana reitaki ae tamaaroa te Tautaeka ni Kiribati ma te Tautaeka n Aotiteeria rinanon te Bootaki n Reirei. E boboto te reitaki aio i aon katamaaroaan te reirei ibukiia ataein Kiribati ni kabane.

E boreetiaki te boki aio iroun te Library for All rinanon ana mwane ni buoka te Tautaeka n Aotiteeria.

Te Library for All bon te rabwata ae aki karekemwane mai Aotiteeria ao e boboto ana mwakuri i aon kataabangakan te ataibwai bwa e na kona n reke irouia aomata ni kabane. Noora libraryforall.org

Bwaai ni katangitang

E moan boreetiaki 2022
E moan boreetiaki te katootoo aio n 2022

E boreetiaki iroun Library For All Ltd
Meeri: info@libraryforall.org
URL: libraryforall.org

Atuun te boki Bwaai ni katangitang
Aran te tia korokaraki Conway, Rhianne ao Conway, Ryan
ISBN: 978-1-922849-40-3
SKU02290

Bwaai ni katangitang

2

Aio te kitaa.

Aio te turam.

Aio te baentio.

Aio te waeoriin.

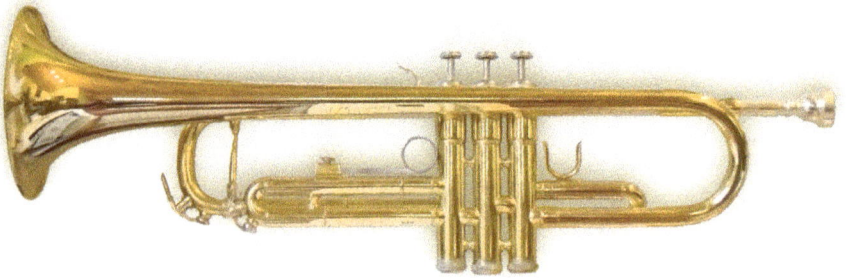

Aio te buu.

Aio te biaano.

Aio te kaibwaabwaa.

Aio te konete.

Aio te tieerou.

Aio bwanaau.

Ko kona ni kaboonganai titiraki aikai ni maroorooakina te boki aio ma am utuu, raoraom ao taan reirei.

Teraa ae ko reiakinna man te boki aio?

Kabwarabwaraa te boki aio.
E kaakamanga? E kakamaaku?
E kaunga? E kakaongoraa?

Teraa am namakin i mwiin warekan te boki aio?

Teraa maamaten nanom man te boki aei?

Karina ara burokuraem ni wareware
getlibraryforall.org

Rongorongon te tia korokaraki

Bon kaain Rockhampton Rhianne Conway ma ngkai, e a maeka i Brisbane ma buuna. E rangi n taatangiria ni mmwakuri ma te roronrikirake ao ni buokiia bwa a na kona ni bitaki nakon te kabanea n tamaaroa. E taatangira te wareware ao e rangi ni kukurei n tibwauaa kakukurein te wareware ao te karaki. E kakoauaa Rhianne bwa e kakaawaki te koroboki ao kaotan taian katei rinanon karaki. E rangi ni kakaaitau ngkai e kona naba n reke ana tai ni boutokaa te Library For All ni kakoroa nanon ana iango are tibwatibwaan booki ni kabutaa te aonnaaba.

E mena i Brisbane Aotiteeria Ryan Conway. Bon te aomata ae e rangi ni kakauiango. E maamate nanona n te korotaamnei ao te kateitei. E taatangiria n takaakaro ma bwaai n takaakaro aika bwaai ni kanimnim ao ni kammwakura ana iango iai. Bon te tia katangitang Ryan ao iai ana bitineti ae e uareereke ae e tabe ma onean ao karaoakin taian kitaa. E taatangirii taian karaki ao n tibwauai ana taarena ma aomata – ao e teimatoa tangiran te takaakaro ma bwaai ni kanimnim.

Ko kukurei n te boki aei?

Iai ara karaki aika a tia ni baarongaaki aika a kona n rineaki.

Ti mwakuri n ikarekebai ma taan korokaraki, taan kareirei, taan rabakau n te katei, te tautaeka ao ai rabwata aika aki irekereke ma te tautaeka n uarokoa kakukurein te wareware nakoia ataei n taabo ni kabane.

Ko ataia?

E rikirake ara ibuobuoki n te aonnaaba n itera aikai man irakin ana kouru te United Nations ibukin te Sustainable Development.

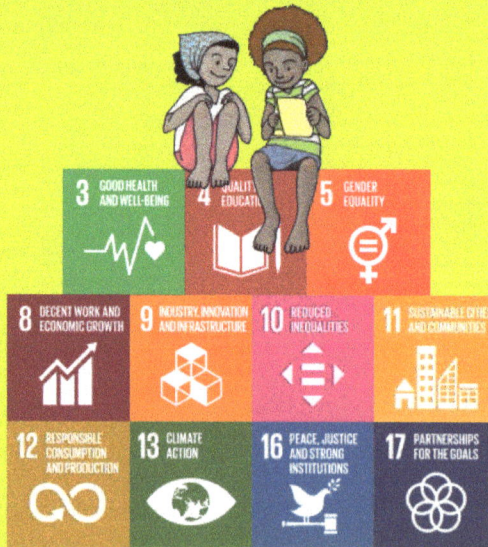

www.ingramcontent.com/pod-product-compliance
Lightning Source LLC
Chambersburg PA
CBHW040317050426
42452CB00018B/2894